Uma escola que sente

narrativas reunidas

Editora Appris Ltda.
1.ª Edição - Copyright© 2024 da autora
Direitos de Edição Reservados à Editora Appris Ltda.

Nenhuma parte desta obra poderá ser utilizada indevidamente, sem estar de acordo com a Lei nº
9.610/98. Se incorreções forem encontradas, serão de exclusiva responsabilidade de seus organizadores. Foi realizado o Depósito Legal na Fundação Biblioteca Nacional, de acordo com as Leis nᵒˢ
10.994, de 14/12/2004, e 12.192, de 14/01/2010.

Catalogação na Fonte
Elaborado por: Dayanne Leal Souza
Bibliotecária CRB 9/2162

| P475e 2024 | Pessoa, Késsia
    Uma escola que sente: narrativas reunidas / Késsia Pessoa. – 1. ed. –
Curitiba: Appris, 2024.
    73 p. : il. color. ; 21 cm.

    Inclui referências.
    ISBN 978-65-250-6190-0

    1. Escuta afetiva. 2. Pertencimento. 3. Educação. 4. Aprendizagem.
I. Pessoa, Késsia. II. Título.

                                                                          CDD – 370 |

Editora e Livraria Appris Ltda.
Av. Manoel Ribas, 2265 – Mercês
Curitiba/PR – CEP: 80810-002
Tel. (41) 3156 - 4731
www.editoraappris.com.br

Printed in Brazil
Impresso no Brasil

Késsia Pessoa

Uma escola que sente

narrativas reunidas

Appris
editora

Curitiba, PR
2024

FICHA TÉCNICA

EDITORIAL
Augusto Coelho
Sara C. de Andrade Coelho

COMITÊ EDITORIAL
Ana El Achkar (UNIVERSO/RJ)
Andréa Barbosa Gouveia (UFPR)
Conrado Moreira Mendes (PUC-MG)
Eliete Correia dos Santos (UEPB)
Fabiano Santos (UERJ/IESP)
Francinete Fernandes de Sousa (UEPB)
Francisco Carlos Duarte (PUCPR)
Francisco de Assis (Fiam-Faam, SP, Brasil)
Jacques de Lima Ferreira (UP)
Juliana Reichert Assunção Tonelli (UEL)
Maria Aparecida Barbosa (USP)
Maria Helena Zamora (PUC-Rio)
Maria Margarida de Andrade (Umack)
Marilda Aparecida Behrens (PUCPR)
Marli Caetano
Roque Ismael da Costa Güllich (UFFS)
Toni Reis (UFPR)
Valdomiro de Oliveira (UFPR)
Valério Brusamolin (IFPR)

SUPERVISOR DA PRODUÇÃO
Renata Cristina Lopes Miccelli

PRODUÇÃO EDITORIAL
Adrielli de Almeida

REVISÃO
Cristiana Leal

DIAGRAMAÇÃO
Renata Cristina Lopes Miccelli

CAPA
Lívia Weyl

A todas as crianças, hoje adultos,

que não tiveram oportunidade de estudar,

para quem o fracasso escolar foi o único destino.

AGRADECIMENTOS

Família, obrigada por estarem comigo em todos os momentos, compreendendo minhas ausências e dando forças para não desistir!

APRESENTAÇÃO

Sempre acreditei na necessidade de mudanças para fortalecermos o enfrentamento da CULTURA DO FRACASSO ESCOLAR tão presente nas escolas públicas brasileiras. Também compreendi que sozinha não conseguiria mudanças significativas, pois tudo precisava ser bem planejado, harmonioso, com muita escuta, sensibilidade e aceitação para que as ações pudessem acontecer. Refletir sobre os planos de ações de ontem e de hoje para a diminuição da desigualdade educacional é o primeiro passo na luta contra a prática da reprovação punitiva, tão natural no sistema pedagógico que muitos não percebem os traumas que ela causa nas crianças e nos adolescentes, como bloqueio da vontade de estudar, apatia, desistência e ansiedade. Realizamos, no ano de 2023, na Escola Estadual 04 de Março, localizada no interior do Rio Grande do Norte, cerca de 75 quilômetros de distância da capital Natal, uma caminhada de busca pelo FORTALECIMENTO DO SUCESSO ESCOLAR. Entendemos que a escola precisava estar aberta para OUVIR O ALUNO, compreender suas dores, seus valores, seus medos, suas incertezas e seus objetivos. O processo tinha que ser diferenciado, devido às necessidades observadas. Assim, aprendizagem foi acontecendo a partir de diferentes estratégias, com apoio de variadas parcerias, com aulas síncronas, comunicação assíncronas e aulas de campo, nas quais o aluno pôde evoluir sendo seu próprio agente transformador, tendo voz, produzindo suas experiencias e sendo ouvido a partir dos seus PROJETOS DE VIDA. Os acompanhamentos permitiram a autoavaliação e asseguraram uma aprendizagem significativa.

Uma escola que sente nos traz um pouco dessas histórias, vividas no chão de uma simples escola do interior, escola que várias vezes foi convidada a fechar suas portas pelo baixo quantitativo de alunos matriculados, mas que priorizou o ACOLHIMENTO, A ESCUTA, O SENTIMENTO, A OPORTUNIDADE, O NÃO JULGAMENTO E O ESPAÇO DE DIÁLOGO; aspectos qualitativos que vão muito além de notas, que possibilitam aos alunos APRENDER COM PRAZER.

PREFÁCIO

Uma escola que sente traz narrativas reais do dia a dia de uma gestora amante e entusiasta da educação, que enfrenta os desafios e as incertezas de uma gestão escolar alicerçada no amor, no acolhimento, no serviço ao outro para, assim, transformar vidas.

Em meio às demandas administrativas, burocráticas, financeiras e pedagógicas, o diretor escolar assume uma árdua missão e torna-se a peça-chave para o sucesso dos alunos e para um bom trabalho em equipe. Para ser de fato democrático, o gestor deve estar aberto a discutir, coletivamente, as ações que acontecerão na escola, esse foi o segredo revelado pela professora Késsia Pessoa.

Acompanharemos neste livro relatos diversos de ações ocorridas no ano letivo de 2023, na Escola Estadual 04 de Março, localizada no município de Canguaretama/RN, que impactaram positivamente a vida de estudantes que se encontravam desestimulados, sem perspectiva para a vida educacional e, até mesmo, pessoal.

Por meio dos relatos, podemos observar que "acolhimento" foi a peça fundamental que essa gestora usou para construir relações de pertencimento e compartilhamento de saberes com seus educandos, dando sentido de vida a eles.

Também foi necessário encontrar caminhos para vencer os obstáculos que uma gestão escolar demanda, sendo essencial o comprometimento da equipe docente, da coordenação pedagógica, da equipe de apoio e da vice-gestora para uma gestão exitosa.

Cito aqui alguns desses desafios: defasagem de aprendizagem, desigualdade social, saúde emocional de professores e alunos (principalmente nesse período pós-pandêmico), diversidade, busca ativa, formação e capacitação, problemas estruturais, dentre outros. Estabelecer uma cultura escolar de acolhimento foi o potente caminho encontrado por Késsia Pessoa para o sucesso das ações de gestão.

Esta obra consiste no sentir o outro como forma eficaz de facilitar as relações conflituosas ou amistosas, refletindo-se diretamente na qualidade de ensino e na comunidade escolar. Boa leitura!

Samara Janaina Xavier de Oliveira Amaral

Graduanda do curso de Pedagogia, da Universidade Pitágoras Anhanguera

"Quem não tiver debaixo dos pés da alma,

A areia de sua terra, não resiste aos atritos da sua

Viagem na vida. Acaba incolor, inodoro e

Insípido, parecido com todos."

Luís da Câmara Cascudo

SUMÁRIO

À GUISA DE PRÓLOGO
CARTA À PROFESSORA SÔNIA PESSOA 16

1
"NÃO HÁ SABER MAIS OU SABER MENOS,
HÁ SABERES DIFERENTES" 19

2
"É PRECISO DIMINUIR A DISTÂNCIA ENTRE O QUE SE
DIZ E O QUE SE FAZ ATÉ QUE, NUM DADO MOMENTO,
A TUA FALA SEJA A SUA PRÁTICA" 23

3
"NÃO SE PODE FALAR DE EDUCAÇÃO SEM AMOR" 29

4
"NINGUÉM EDUCA NINGUÉM, NINGUÉM SE EDUCA
SOZINHO, AS PESSOAS SE EDUCAM EM COMUNHÃO,
MEDIATIZADAS PELO MUNDO" 51

5
"O EDUCADOR SE ETERNIZA EM CADA SER QUE EDUCA" 55

6
"O SISTEMA NÃO TEME O POBRE QUE TEM FOME.
TEME O POBRE QUE SABE PENSAR" 59

7
"DISCRIMINANDO O NEGRO, O ÍNDIO E A MULHER NÃO ESTAREI
AJUDANDO MEUS FILHOS A SER SÉRIOS, JUSTOS, AMOROSOS DA
VIDA E DOS OUTROS..." 63

8
"SE A EDUCAÇÃO SOZINHA NÃO TRANSFORMA A SOCIEDADE, SEM
ELA TAMPOUCO A SOCIEDADE MUDA" 67

REFERÊNCIA 72

À guisa de prólogo

Carta à professora Sônia Pessoa

Permita-me, titia, iniciar este livro dirigindo-me à senhora para agradecer e render-lhe tributos pela admiração que tenho por todo trabalho realizado no chão da Escola Estadual 04 de Março. foi de fato um período em que a escola esteve em grande evolução. Sempre ouvimos relatos dos pais, professores e ex-alunos com muita admiração. Nossa família se entrelaça com histórias de momentos vividos nesse chão escolar ao longo dos anos. Além da senhora, outras tias também contribuíram com o desafio de educar numa época tão difícil, quando os recursos eram apenas quadro negro e giz branco. Fui aluna nesse período, dividia a banca com outros colegas, as mesas enfileiradas, aulas em turnos mais curtos, às vezes tinha merenda, às vezes não. A educação pública sempre teve grandes desafios, na área de investimentos e inovações na área da tecnologia, na participação de pais e comunidades, no processo de aprendizagem, mas nada disso te fazia desistir. Foi na sua gestão que alcançamos o maior número de matriculados e pudemos ver a grande satisfação da aprovação deles. Minha admiração por ti só aumentava, e tivemos a oportunidade de trabalhar juntas tanto na escola pública quanto na privada; trocamos experiências e conhecimentos que se misturavam, familiares e profissionais, já que a educação faz parte da nossa família desde a nossa matriarca Maria Pessoa. Nesse contexto generalizado, de paixão pela educação, iniciei minha caminhada em busca de uma educação que sempre acreditei ser a ideal, a que vai além do decorar letras, do cobrir linhas, do pintar sem borrar. Estivemos em busca de uma educação libertadora, na qual o aluno pudesse se expressar, ser ouvido, compreendido e, com todo empenho humano, ser o protagonista. Para isso, era preciso um espaço escolar diferente, que estivesse aberto para ir além dos muros escolares, com a aprendizagem como foco de todo o processo, no qual o aluno seria o principal elemento. As "provas" passariam a ser autoavaliativas, para de fato analisarmos onde precisaríamos melhorar e aprender mais; não serviriam para "medir" conhecimentos, porque conhecimento não se mede. Dessa forma, o professor se observaria e conseguiria perceber os pontos a serem melhorados, para que as aulas fossem mais altivas e valorosas, em que os educandos sentissem prazer de estar presentes, e não ficarem saindo em minuto em minuto por estarem entediado. Como seria essa escola? Como fazer essa escola? Aqui trago narrativas de momentos de construções possíveis, de caminhos de liberdade para a escola pública. Caminhando com esperança do verbo esperançar, aquele que acredito que pode sim acontecer. Agradeço a outras Sônias, Lenices, Fátimas, Anas, Marias, Franciscas, que lutaram pela escola pública de qualidade e com mais igualdade.

Utilizo, como abertura de cada capítulo, frases do maior educador de todos os tempos, o eternizado Paulo Freire, fazendo um diálogo constante com tudo que ele acreditava. Que abram em nós, seus leitores e admiradores, uma reflexão ativa, a qual permita uma valorização do fazer pedagógico.

Dessa forma, trarei, nas linhas a seguir, um pouco da realidade do chão da escola pública, do que vivi e aprendi no dia a dia, sem filtros e sem desmistificar os grandes desafios que há na busca incansável pela construção da verdadeira ESSÊNCIA DA EDUCAÇÃO PÚBLICA.

1
"NÃO HÁ SABER MAIS OU SABER MENOS, HÁ SABERES DIFERENTES"[1]

---

[1] FREIRE, Paulo. *Pedagogia da autonomia*. Editora paz e Terra 74ª Edição.2019.

O ano era 2023, novo e cheio de desafios. Chegava à escola, nos primeiros horários da manhã daquela segunda-feira bem desafiadora, seria o primeiro dia como gestora na escola onde lecionava havia anos. O novo sempre chega com diferentes expectativas, uma junção de sentimentos, as possibilidades de dar errado são tão grandes quanto as de dar certo. Cheguei à escola, pátio vazio, salas vazias, um ar diferente, poderia dizer que até dava medo, pois tínhamos terminado o ano de 2022 com pouco mais de 50 alunos. Sempre havia o receio se a escola funcionaria com um número tão reduzido de estudantes. Todos estavam de férias, a gestão era formada apenas por mim e, para me encorajar, parei, respirei e lembrei que aquela escola tinha uma história que precisava ser resgatada para que voltássemos a sonhar.

Naquele momento eu só tinha em mãos um molho de chaves, alguns papéis e a vontade de fazer algo pela instituição onde fui aluna, professora voluntária, estagiária e professora. A escola do meu bairro, da qual tinha ricas recordações. Depois dos primeiros minutos de nostalgia, encontrei-me com a equipe de apoio, todos com um sorriso largo, olhos brilhando e encorajados a estar comigo naquele recomeço. A compreensão e a ajuda da equipe de apoio foram um divisor de águas; a disponibilidade que demonstraram foi muito significativa e impulsionou toda a história que se iniciava naquele momento, já que a educação não se faz sozinha. Assim iniciamos nossa jornada em busca da mudança na qual tanto acreditávamos, tendo como foco uma frase que diz muito sobre esse primeiro momento vivido: "não há saber mais ou saber menos, há saberes diferentes". Portanto, cada profissional contribuiria de alguma forma com a gestão da escola. Por isso, a escuta era necessária; parar e ouvir cada opinião da equipe de apoio seria indispensável, afinal, eram eles que estavam todos os dias no chão escolar, compartilhando diferentes momentos com alunos, pais, funcionários e professores. Dessa forma, eu ouvia cada opinião atentamente, sabendo que encontraria respostas e impulsionamentos para as ações. Quando se fala em educador, a ideia que vem à mente de muitas pessoas é apenas do professor, porém vai além, todos que ocupam funções em uma escola são considerados educadores, porteiros, vigias, responsáveis pela limpeza, entre outros. A Lei n.º 12.014, de 6 de agosto de 2009, reconheceu a importância de o funcionário da escola ser aceito como educador, pois todos, juntos, constroem a educação naquele espaço. Essa lei foi sancionada para trazer visibilidade a esses profissionais que estão ligados a toda funcionalidade da escola. E eu não poderia deixar de lado tamanho reconhecimento. Dessa forma, continuei minha jornada, nos primeiros dias do ano, consciente que, de mãos dadas, conseguiríamos fazer diferente, com estratégias coletivas e uma escuta democrática.

Iniciei com visitas à comunidade, uma caminhada pelas ruas do bairro para ouvir também a opinião dos pais sobre "nossa escola". Saí em busca dos porquês. Foram momentos relevantes em que pude saber o que pensavam sobre a escola, o que poderíamos melhorar e onde estávamos falhando. Ouvir a comunidade escolar foi um dos pontos mais positivos desse meu início como gestora. Tudo foi registrado para depois ser repassado para toda a equipe; a partir dessa escuta delicada, poderíamos organizar nosso plano de ação coma mais coerência. Não seria apenas um planejamento, mas um planejamento baseado em evidências, escutas e nas necessidades para a reconstrução da nossa unidade educacional.

2

"É PRECISO DIMINUIR A DISTÂNCIA ENTRE O QUE SE DIZ E O QUE SE FAZ ATÉ QUE, NUM DADO MOMENTO, A TUA FALA SEJA A SUA PRÁTICA"[2]

---

[2] FREIRE, Paulo. *Pedagogia da autonomia:* saberes necessário a prática educativa. São Paulo: Paz e Terra,1996. p. 61.

Sentimento de pertencimento é o que acredito ser o ponto de partida para a escola que julgo ideal, um lugar de reflexão ativa sobre o que somos, o que sentimos e o que precisamos ser. Senso de pertencimento é definido pela experiência de envolvimento pessoal com o ambiente no qual estamos inseridos, e creio ser o primeiro passo para a transformação educacional que almejamos.

Para trabalhar o sentimento de pertencimento, é necessário inicialmente que os líderes demonstrem confiança nos seus times, que acreditem que cada ser tem suas qualidades, suas particularidades e podem contribuir de forma grandiosa para a construção desse sentimento. A equipe de apoio, os professores, a gestão, os contribuidores, os colaboradores, a comunidade, cada um pode enriquecer o processo de transformação no espaço escolar. Para o trabalho dar certo, não podemos ficar apenas nas palavras, precisamos concretizá-las por meio de ações, como diz a frase de Paulo Freire que constitui o título do capítulo. É essencial reduzirmos a distância entre o que pregamos e o que fazemos; nossas palavras e ações devem estar ritmadas, coerentes. Como falar em pertencimento com a equipe sem permitir sua participação? Precisamos dar voz e vez a todos para juntos, construirmos valores e ideais.

De acordo com Paulo Freire, é fácil falar sobre valores, o difícil é colocá-los em prática. Para ele, muitos falam sobre igualdade, justiça, liberdade e democracia, mas poucos colocam em prática. Então, é crucial vivenciarmos verdadeiramente o que pregamos.

Para que o sentimento de pertencimento aconteça de forma espontânea, o trabalho colaborativo e participativo é fundamental.

É incrível perceber o quanto precisamos melhorar no cotidiano, como podemos construir uma fala universal que atinja todos, alunos, familiares e comunidade, de forma que a construção do sentimento de pertencimento aconteça de forma natural e voluntária. Assim pensamos em todas as possibilidades e iniciamos com atividades focadas nessa perspectiva. Dessa forma, planejei iniciar o ano letivo com o envolvimento da comunidade local da "04 de Março". É preciso conhecer para cuidar, para se interessar em pertencer à história.

Uma escola que sente: narrativas reunidas

Nossa escola recebeu esse nome em homenagem à libertação dos escravizados de Canguaretama, que aconteceu dois meses e cinco dias antes de a lei Áurea ser declarada no Brasil, uma data relevante para nossa história. Muitos alunos não sabiam a história à qual pertenciam, nem se reconheciam nela, assim como a comunidade local não percebia que estava inserida num contexto tão rico, que poderia se fundir com sua própria história de vida.

O ambiente escolar permite o contato com experiências únicas, que não ocorrem no seio familiar, estar na escola oportuniza conhecer coisas novas e descobrir inúmeras possibilidades, e o primeiro momento no seio escolar é fundamental para despertar essa importância.

A escola é um espaço de ressignificação e precisa promover uma interação de forma contínua, capaz de envolver todos na convivência em sociedade e de moldar as diferentes experiências emocionais.

O momento de conhecer a história da própria escola permite construir essa ponte entre alunos, professores, comunidade e todos que acreditam na necessidade de envolvimento. Para que a escola dê certo, é preciso que o relacionamento entre escola e família realmente aconteça; não pode ser apenas dados ou frases escritas nos Projeto Político Pedagógico (PPP) da escola, precisa sair do papel e entrar para a ação. Sem essa parceria, o trabalho não fluirá. De que vale falar de coletividade se os mais interessados no "sucesso" dos alunos não estiverem trabalhando juntos? É uma reflexão necessária! Precisamos desse desempenho para que cada estratégia pensada no planejamento inicial seja colocada em prática e que os resultados sejam os esperados no final de cada ciclo.

Vale sempre a pena abrir a reflexão sobre diminuir a distância entre o que se fala e o que se faz. A prática deve sempre condizer com a fala do dia a dia, seja em sala, seja nas conversas com os familiares, ou mesmo nas ações plurais que permitem equilibrar a educação que temos com a que queremos. Porém, para isso acontecer, precisamos nos desafiar constantemente, ousar, criticar nossas ações e sermos capazes de enfrentar os desafios da *escola que sente* o aluno, que sente as mudanças atuais. É uma missão difícil adequar-se a essa nova forma de educar, por isso precisamos romper as paredes das salas de aulas e explorar métodos de aprendizagens que mantenham os estudantes mais interessados nos conteúdos abordados.

3

**"NÃO SE PODE FALAR DE
EDUCAÇÃO SEM AMOR"**

Um dos pensamentos de Paulo freire que me traz mais reflexão é o que constitui o título deste capítulo. O amor desde sempre tem uma relação com a profissão docente. Trata-se de um sentimento que está nas pessoas com as quais convivemos todos os dias, em casa, no trabalho, na rua, na igreja, em qualquer lugar. E não seria diferente na escola. Quando falo de amor no magistério, quero dizer que devemos ter empatia e solidariedade, valorizar as pessoas e todas as suas peculiaridades, considerando sempre sua história de vida, a cultura na qual está inserida, a família e sociedade local. Sabemos que todas essas particularidades interferem nos seres que recebemos em nossas classes. Poderia relatar aqui várias histórias de amor se, de fato, eu fosse uma escritora; perfeições seriam mostradas nestas linhas, histórias reais que falam de amores que mudam vidas, que transformam caminhos.

Iniciei então minha trajetória letiva com a pedagogia do amor, acreditando ser a melhor forma de começar aquela jornada em 2023. Mesmo parecendo piegas e correndo o risco de parecer brega, fora de moda ou fora do contexto esperado pelas autoridades, arrisquei em fazer o que era real para mim, afinal, eu acredito na Educação que ACOLHE, ESCUTA, OUSA, LIBERTA, MUDA VIDAS! Era essa filosofia que queria de fato aplicar. Sabia que não seria fácil nem rápido, mas tinha certeza de que os frutos chegariam.

Alguns acontecimentos inusitados surgiram, determinados casos de matrículas. Eram alunos transferidos de outras instituições, outros expulsos, outros com traumas, outros sem vontade de estudar em colégio X. Parecíamos um depósito de alunos sem soluções! Mas o que eles não sabiam é que estavam indo para o lugar certo! Uma escola aberta, com uma ESCUTA AFETIVA e necessária, com acolhimento e sem julgamento. O ocorrido na escola anterior não era parâmetro para nos guiar, tudo seria reiniciado. Seguirei com algumas histórias desses alunos recebidos em nossa escola, são histórias de crianças e adolescentes em distorção idade-série, com dificuldade de relacionamento, social ou familiar, com dificuldades de aprendizagens e muito pedido de socorro.

Alunos "repetentes" traziam consigo na bagagem desestímulo, medo, falta de motivação, incertezas, um misto de sentimentos que só contribuía para afastá-los ainda mais da vontade de seguir com os objetivos educacionais. Como enfrentar essa CULTURA DO FRACASSO ESCOLAR? Esse foi um dos nossos primeiros questionamentos. Sabíamos que a mobilização de parceiros seria um dos fatores mais importantes para as primeiras conquistas. Precisaríamos de psicólogos, psicopedagogos, esportistas, artistas da música, das artes visuais, da literatura, todos que pudessem oferecer um pouco do seu tempo para contribuir com nossos jovens. Precisávamos de pessoas que tivessem em seu planejamento de vida o desejo de contribuir com a PROTEÇÃO, INCLUSÃO, ACOLHIMENTO, ESCUTA E APRENDIZAGEM de forma harmoniosa e prazerosa com esses alunos que tanto necessitam de visibilidade.

Certamente não conseguimos conquistar todos os alunos, nem atingimos cem por cento dos objetivos almejados, mas o importante é que não desistimos. Não paramos. A angústia é grande quando vemos alguns alunos se distanciando dos nossos objetivos, não caminhando conosco, mas temos que respeitar o tempo de cada um.

Fechar os olhos, fingir que não estamos vemos é muito mais fácil; deixar alunos fora de sala, mandá-los para casa, tudo isso só contribui para o insucesso. Por outro lado, aproximar-se, conversar, parar o conteúdo e ouvir a turma, muitas vezes pode mudar toda uma história.

Trazer questionamentos para a turma, como:

O que querem aprender?

O que é a escola para você?

Como querem seus professores?

O que sentem ao estarem na escola?

Temos frases fáceis e conceitos impregnados em nossas mentes que precisamos mudar. Parar de usar frases que os marginalizam, como: "alunos que não querem nada ou alunos problemáticos", "famílias desinteressadas ou irresponsáveis com a educação dos filhos". Essas falas são tão repetitivas que acabam nos afastando do que realmente podemos fazer. Se realizarmos ATIVIDADES IGUAIS, SÓ TEREMOS ATITUDES IGUAIS E RESULTADOS IGUAIS, PARA DIFERENTES ALUNOS! Assim, nos propomos a reascender os sonhos desses jovens usando como estratégia o esporte, a dança, aulas atrativas e, acima de tudo, o respeito por eles enquanto sujeito de direitos.

A seguir, apresento alguns dos resultados que obtivemos, todos os relatos foram autorizados pelos responsáveis e expressam a importância de não desistirmos de acreditar e de sonhar.

3.1 LILI

O primeiro caso é o de Lili (nome fictício). Ela teve inicialmente uma experiência numa escola federal, conhecida pelo trabalho de excelência na capital. Por motivos familiares, seus pais precisaram voltar para o interior, e Lili foi estudar numa escola Y. Por diferentes motivos, ela não se adaptou, criou traumas enormes, ansiedade e um início de depressão, que a fizeram desistir de estudar por dois anos. Sua mãe nos relatou que já tinha feito várias tentativas para Lili voltar a estudar, mas sempre sem sucesso. Ela não sabia mais o que fazer, era desesperador ver uma adolescente de 13 anos perder

Uma escola que sente: narrativas reunidas

a vontade de ir para escola. Relatou ainda que, quando falava em voltar para escola, Lili voltava a ter crises; com ajuda de psicóloga, foi observado que o ambiente escolar fora um dos motivos para a desmotivação e o fracasso de Lili. "Cadeiras enfileiradas, sala fria, sem afeto, sem calor humano", eram as características citadas. As provas regulares, que tinham o intuito de classificar o melhor aluno, por meio da melhor nota, a afligia. A sala fechada provocava-lhe falta de ar, pois estava acostumada com a liberdade de aprender brincando, além dos muros escolares. A aluna tinha medo de falar, de se expressar, de pintar fora do risco... doía ouvir. A mãe repetia que não tinha mais esperança de ver a filha voltar a entrar em uma sala de aula. Os relatos reincidiam na falta de acolhimento escolar, que deveria consistir em uma prática pedagógica que ultrapassasse a ação de recepcionar, que favorecesse a integração dessa aluna e de seus pais, para que se sentissem pertencentes à escola, com empatia, liderando as emoções e resolvendo os problemas.

A mãe de Lili tinha ouvido falar da Escola Estadual 04 de Março e do trabalho que estávamos iniciando! No meio da rua, uma mãe contou para ela sobre o ACOLHIMENTO DIFERENCIADO DA ESCOLA e os PROFISSIONAIS QUALIFICADOS. Ela, sem acreditar que no interior tivesse uma escola com tais características, foi se certificar.

Dessa forma, a matrícula foi realizada, não só de Lili, mas também de uma prima vinda da capital só para acompanhá-la; as duas precisariam pegar dois ônibus para chegar à escola, e, pelo histórico de Lili, não teria como ela fazer isso sozinha. Não foi fácil!

No primeiro dia, Lili mal passou do portão e chorou muito, teve uma crise de pânico. Como havia prometido, eu a acompanhei todo o tempo, ela não conseguia nem chegar perto da porta da sala. No segundo dia, sentou-se nas mesas do refeitório, chorou, mal falou, mas correspondeu ao meu abraço. Eu falava, falava e falava, mesmo sem ela responder. Num dia ela lanchou, no outro passou 15 minutos em sala, num outro dia assistiu à aula toda; eu sempre mandava os registros para sua mãe. Cada professor foi acolhendo-a e respeitando seu tempo, adaptando as conversas, as atividades, e ela foi nos conhecendo. Hoje Lili toca na banda, vai para todas as aulas de campo, veste fantasias, passa o dia inteiro na escola se deixarmos! Voltou a sorrir.

Como é importante esse acolhimento escolar! Ele é fundamental para essa reconstrução e para o desenvolvimento cognitivo. Foi esse acolhimento que propiciou o desenvolvimento da autoestima e da confiança de Lili, assim ela construiu vínculos saudáveis no ambiente escolar. Essa rede de proteção acaba sendo uma estratégia de sucesso escolar que prevê o fortalecimento de uma rede de atenção e proteção de crianças que estão em situação de distorção idade/série.

O ambiente escolar pode e deve ser um espaço de amor e afeto, estratégico para trazer confiança e promover segurança para os alunos se expressarem, isso se chama empatia e sensibilidade!

3.2 GUI

Esta é uma história de amor que me faz chorar toda vez que a conto. Se fosse escrever só sobre ele, o título seria: "Além daquela porta".

Diagnosticar ou tratar problemas de saúde mental não é função dos educadores, mas compreendemos que a escola acaba sendo um espaço estratégico para identificarmos quando algo não vai bem e tentarmos diferentes maneiras/caminhos para ajudar.

Com Gui foi assim. Pós-pandemia sua saúde mental foi ficando mais debilitada, e seu lado social, mais restrito; chegou a se isolar por completo em seu quarto e desenvolveu uma alta rejeição ao mundo externo. As causas dessa rejeição são pouco claras, podem ser fatores psicológicos, depressivos ou por ansiedade. Gui não aceitava conversar, não tinha amigos, só falava comigo através da porta do seu quarto. Ele estava sem frequentar a escola de forma presencial havia mais de dois anos, e aquela era mais uma tentativa de trazê-lo para mais próximo de nós. Nos planejamentos, organizamos algumas estratégias para que ele não perdesse mais um ano letivo. Como poderíamos atingir esse adolescente de forma virtual? Como poderíamos trazê-lo para mais perto do nosso convívio, da nossa realidade? Nas minhas incansáveis visitas, ele apenas me respondia "sim" e "não", mantendo um diálogo curto, pois sempre estava no mundo virtual. Mesmo com minhas insistências, Gui não abria a porta, mas não se negava a conversar nem a receber as atividades e os materiais preparados pelos professores de sua turma. Conseguimos psicólogo para atendimento em domicílio, médico, mas sempre com pouco sucesso.

Um dos pontos que acredito ser muito importante é o respeito aos acordos que firmamos com os alunos, isso mantém nossa parceria ativa já nos trouxe resultados positivos.

Vale ressaltar que, em todo esse processo, contei com a parceria da equipe da Busca Ativa Escolar (BAE) do município. Essa equipe nos acompanhou, orientou e ajudou a organizar e elaborar estratégias para um resultado plausível. A BAE é desenvolvida pela União das Nações Unidas pela Infância e Juventude (Unicef) e pela União de Dirigentes Municipais em Educação (Undime), que envolve as Secretarias Municipais de Educação, Assistência Social e Saúde, além da parceria com os órgãos do Conselho Tutelar e o Ministério Público. A BAE conta com uma metodologia social e uma ferramenta tecnológica que permite identificar crianças e adolescentes em idade escolar obrigatória que estão fora da escola. A partir da escuta feita por profissionais qualificados e da análise técnica, são tomadas medidas para resolução dos casos que culminam na matrícula ou rematrícula dessas crianças e adolescentes. Além disso, subsidia o município na elaboração de políticas educacionais uma vez que emite relatórios apontando os principais motivos da exclusão escolar no município, caso a caso.

É um programa simples, mas muito significativo, basta que as prefeituras sigam as orientações, façam a adesão à estratégia e montem suas equipes para desenvolver o trabalho de qualidade. Esse projeto foi lançado em primeiro de junho de 2017, mas só nos anos de 2021, 2022 e 2023 vemos a força dos resultados.

É incompreensível para algumas pessoas todo esse movimento que relato aqui. Por que lutar tanto por apenas um aluno? Por que se ausentar da escola tantas vezes para atender em domicílio? É papel da gestão? É papel da coordenação? Será que dará certo? Será que será aceito? Será? Deparamo-nos com muitas incertezas e negatividades; o não já temos, e a busca incessante pelo sim deve prevalecer. Na educação, cada aluno é único, tem sua história, que precisa ser OUVIDA E COMPREENDIDA. A escola, por sua vez, precisa cumprir seu papel, nenhum aluno pode deixar de receber assistência, afinal, não soltaremos a mão de ninguém.

Lendo o livro *Salvas pela Escola*, de Anadir Pessoa (2007), consegui enxergar ainda mais fundo tudo que estava intrínseco no meu "viver educação". Quantos de nós já nascemos fadados ao fracasso? Crescemos envoltos a preconceitos, apontamentos, discordâncias; se a escola não estiver aberta para esse olhar diferenciado, para fazer a diferença nas vidas dos estudantes, nada terá valido a pena.

Salvas pela Escola traz uma narrativa que permite essa reflexão. Abriu um diálogo íntima para que eu compreendesse que essas idas à casa do aluno Gui foi um ato de amor e de coragem, um momento de ação x reflexão x ação, algo que é tão falado nas nossas formações, mas que algumas vezes fica apenas no pano das ideias.

Essa minha jornada era movida por um sonho, o de ver o Gui voltar à escola. Em meio aos diálogos, falamos sobre a possibilidade de um dia ele estar com seus colegas de sala, passar ali quanto tempo aguentasse.

O dia 10 de outubro de 2023 foi uma data marcante. Faltando dez minutos para as sete horas da manhã, ia me aproximando da escola e notei um movimento diferente; alguns alunos foram ao meu encontro e, com um sorriso largo, diziam "Ele veio! Ele veio!".

Então vi aquele adolescente alto, pele branca, cabelo bem cortado, calça jeans, camisa ensacada e tênis; a mãe ao seu lado com um sorriso sem tamanho! Ele não disse nada, foi direto para a sala, como se fizesse isso o ano inteiro. Eu tentei segurar a emoção, mas não teve jeito. Quantas vezes eu duvidei que esse momento chegaria! Quantas vezes pensei que todo aquele trabalho e insistência seriam em vão! Que eu estava sendo chata e insistente, que estava invadindo o espaço da família! Logo voltava atrás e acreditava que era meu papel como EDUCADORA.

Sua mãe me relatou que, na noite anterior, ele tinha pedido que o levassem ao barbeiro, pois estava há muitos meses sem cortar o cabelo. Pediu também que passasse sua camisa e separasse uma calça, pois ele iria para a escola. E realmente foi! Só ele saberá dizer o real motivo para sair do quarto depois de meses e meses, abrir e ultrapassar aquela porta, aquele muro, aquela rua, aqueles olhares, seus medos, seus traumas... Em meio à emoção, só podemos afirmar que a EDUCAÇÃO SALVA! A educação ultrapassa barreiras inimagináveis, dá oportunidades de libertar sentimentos. Como nosso aluno conseguiu ultrapassar esse primeiro desafio, agora precisamos ajudá-lo a dar mais um passo. O que nos serve de reflexão é que não podemos desistir. Cada pessoa merece ser recuperada, não podemos fechar os olhos e fingir que não somos parte desse processo.

3.3 JOSÉ

Quando falamos que o esporte salva vidas, não queremos ser redundantes, apenas chamar atenção para seu real valor, sendo a porta de entrada para o sucesso de muitos alunos.

José iniciou o ano letivo já desestimulado, querendo desistir para trabalhar na roça, tinha interesse em ajudar a levar comida para casa. São casos corriqueiros na nossa comunidade, e é muito difícil lutar contra essa realidade, mas o envolvimento dos jovens com o esporte os ajuda a ocupar suas mentes em outros afazeres e os estimula a pensar em outras oportunidades. Com muito esforço, conseguimos apresentar José ao jiu-jitsu, uma parceria que se iniciava na nossa escola, e ele se encantou. Nos treinos ele despejava todas as suas dores, seus medos e anseios, soltava tudo que podia; era nítida a força com a qual ele tentava se libertar das amarras dos seus problemas socioculturais. Muitas vezes precisamos buscá-lo em casa para ir aos treinos, outras vezes precisávamos levá-lo de volta, pois sua mãe já não confiava em deixá-lo andar sozinho. Tudo era feito para não perdermos nosso melhor atleta. Sua melhora nas atividades de sala ainda era quase invisível, mas o comportamento, a vontade de viver, de ser aceito no meio e de voltar a sonhar era nítido, e isso não tinha preço.

A escola precisa de diferentes estratégias para chamar a atenção dos educandos. Não conseguiremos "encantar" apenas com lousa e giz. A necessidade de articularmos diferentes atrativos é real, precisamos construir estratégias de envolvimento que permitam aos alunos gostarem de estar no chão da escola. Ao mesmo tempo, a escola deve permitir que aconteçam extensões fora dos seus muros, para que esses mesmos estudantes aprendam com a troca de experiências. Como sabemos, muitos problemas de ordem social e econômica atravessam os portões da escola. Com José, a junção de todos esses aspectos é de grande referência, e sabemos que a escola sozinha não conseguiria resolver cada parte desses conflitos, por isso a importância da parceria com o esporte. É uma maneira de lutarmos pela PERMANÊNCIA e APRENDIZAGEM de todos que estão em situação de risco social.

São muitas as ofertas educacionais no dia a dia desses alunos, por meio de apresentações de conteúdos distantes de sua realidade. Precisamos nos aproximar, observar, senti-los para conhecê-los, pois eles mesmos não se reconhecem nesse espaço.

Dessa forma, o esporte vem para realinhar, mostrar que somos iguais mesmo nas diferenças, que podemos conviver sim, que podemos ter exemplos de vidas diferentes e que essas diferenças nortearão pesquisas para diminuir essa distância social.

Após apenas três meses de treinos, nossos jovens do jiu-jitsu foram para o primeiro campeonato. Os professores e funcionários se reuniram e, como incentivo, pagaram as inscrições para a tão sonhada competição. Tínhamos apenas sete quimonos para 18 atletas, a conta não batia, mas era nossa realidade. Fomos com o material que tínhamos e com muita força de vontade para confirmar que somos capazes de tudo, basta acreditarmos. Era chegada a hora do nosso atleta lutar, e me veio um misto de pensamentos, a importância da rede de proteção de cada adolescente em risco social, a atenção para não desistirem dos estudos, a oferta de atividades extras para se envolverem mais na escola, a articulação de parcerias, ao colhimento da família, a empatia e a crença de que são capazes. Enquanto os pensamentos vinham em minha mente, a luta iniciava, os gritos, a emoção, e o primeiro OURO! Um ouro cheio de significado, um ouro que gritava para não desistirmos, para não deixarmos de sonhar com essa EDUCAÇÃO PÚBLICA COM MAIS EQUIDADE!

Depois daquele domingo nunca mais fomos os mesmos.

Preciso deixar claro que tivemos muitos altos e baixos. Ainda precisávamos que a equipe por completo agisse de diferentes formas para resgatá-lo na totalidade. Sempre friso que deve ser uma cadeia de assistência permanente, estado e munício juntos para realizar trabalhos socioeducativos. As dificuldades ainda existem, continuamos em passos lentos, compreendendo que teremos mais progresso quando mais profissionais estiverem juntos. Não podemos fechar os olhos nem nos esquivar, necessitamos nos fortalecermos e colocar em prática as políticas públicas e o chamamento de toda comunidade para sua responsabilidade social.

3.4 TATÁ

No final de uma manhã, recebemos uma mãe bem aflita, relatando que não sabia mais o que fazer com sua filha. Disse-nos voltaria a entregá-la ao pai caso essa "última chance" (em referência à escola) não desse certo. Relatou ainda, em meio a lágrimas, que a filha era impulsiva, que não a respeitava em casa, que brigava com colegas de classe, sempre desafiando a todos.

Onde estamos errando no cuidado com nossos adolescentes?

Essa foi a pergunta que me fiz quando recebi essa adolescente no meio do ano letivo, expulsa de outra escola; uma menina doce, sensível, que já tinha sido minha aluna em anos anteriores. Mais uma expulsão? Afinal, qual o papel da escola? O erro está na escola? Está nos adolescentes? Precisamos parar para tentar compreender o que está acontecendo com a educação.

Estamos vivendo um momento de descobertas de um grande crescimento de diagnósticos de transtornos mentais e tentativas de suicídios entre os jovens, de ataques a escolas, de cyberbullying, além das mutilações que ocorrem tão naturalmente entre eles.

De acordo com o Ministério da Saúde, entre 2016 e 2021, a taxa de suicídio aumentou 45% entre crianças e adolescentes de 10 a 14 anos. A Anvisa divulgou que o aumento do uso de Ritalina aumentou 75% na faixa de 6 a 16 anos de 2009 a 2011. Tudo isso é muito alarmante, e a escola precisamos estar a par do que vem acontecendo e mudando o perfil dos nossos alunos, eles já não são mais os mesmos. É importante vê-los como um todo, como "seres" que não vão para escola só para ler e escrever, mas que necessitam de atenção. Precisamos compreender que, por trás de um "aluno expulso", há um sujeito, por isso devemos conhecer aquele que está sempre no centro das confusões, das chamadas de atenções. Ele ou ela quer encontrar seu lugar no laço social, e a falta de atenção, muitas vezes, os faz recorrer à violência como forma de se fazer presente, como certa vez apontou a psicóloga Francicarla Pessoa, em atendimento a uma aluna: "É como se ela fosse levada a sério quando coloca sua vida ou a dos outros em perigo".

Isso mesmo! Recorremos a parcerias de diferentes profissionais para acompanharmos nossos alunos, não poderíamos apenas "passar" pelas vidas deles. Contribuir para o futuro deles, para seu crescimento, é o que mais importa. Então contamos com profissionais que acreditam no poder de transformação e dedicam um pouco do seu tempo para ajudar a mudar vidas, algo que vai além do que poderia explicar aqui.

Em vez de enxergar apenas os adjetivos que marginalizam, a escola prefere refletir sobre o que há por trás desses comportamentos. O que a escola pode fazer para que a violência não seja o único recurso para ele ou ela escrever sua história?

Não temos essa resposta ainda, mas você pode nos ajudar a encontrá-la. Não é fácil dizer que, após meses de estudo, não descobrimos o segredo, mas estamos caminhando com algumas estratégias que muitas vezes vêm dando certo. Uma delas é o trabalho colaborativo, que vem crescendo e adquirindo mais força e parceiros.

Outro ponto que merece destaque e é extremamente importante são os espaços de acolhimento. Mesmo com poucas salas, sempre conseguimos ambientes em horários alternados para realizarmos uma escuta afetiva, dessa forma possibilitamos que esses jovens construam suas falas, se expressem e possam se libertar dos seus medos e anseios.

"Escuta afetiva" parece uma expressão da moda, até pode ser, mas, se for tratada como realmente o nome pede, tem um poder excepcional. Posso dizer sem medo que A ESCUTA AFETIVA, O SENTIMENTO DE PERTENCIMENTO, A EMPATIA E O RESPEITO À IDENTIDADE DOS NOSSOS JOVENS são a porta de entrada para o sucesso dos nossos alunos, mas isso é uma conversa que teremos mais adiante.

A escuta afetiva tem um poder único. Ela traz VISIBILIDADE a quem é ouvido, faz com que ele ou ela se sinta visto(a), reconhecido(a), especial e amparado(a). Carol Tilkiian em uma das suas entrevistas para a rádio CBN (2023), trazendo o tema A importância do letramento afetivo, de como os pais, professores e comunidade podem compreender como lidar com as emoções. Nesse diálogo, ela comenta que "Muitas vezes queremos resolver o sofrimento do outro sem escutar, apenas com nossas opiniões". Muitas vezes o silêncio é importante, minutos sem pegar o celular, apenas ouvir o outro já faz uma grande diferença.

3.5 MACÍLIO

A educação socioemocional é o ponto de partida para uma escola mais acolhedora, integrada e aberta, que recebe seus educandos de uma forma mais saudável e generosa. Infelizmente, temos escolas que perderam esse acolhimento humano e se tornaram meros PRODUTORES DE NOTAS. Isso piora no final de cada bimestre, com as avaliações, provas, médias, e os resultados que nem sempre visam às aprendizagens, e sim o que os alunos conseguiram decorar por maior tempo e quantidade. É gritante e dolorido quando vemos que "algumas" escolas ainda estão viciadas e focadas em ver apenas esses resultados no final do ano, muitas vezes esquecem que, por trás desses números, existem pessoas que precisam gerir suas emoções.

Foi o que ocorreu com o jovem Macílio. Após a perda de um parente amado, ele perdeu muitas aulas, mas não foi procurado pelos profissionais da escola, não teve as atividades repostas nem recomposição da aprendizagem. Ele se isolou e acabou com depressão, foi REPROVADO no 7º ano. Ao iniciar o novo ano letivo, sua mãe o acompanhou para renovar a matrícula na escola Y, e, para sua surpresa, a transferência já estava feita. Macílio foi convidado a sair da escola, pois "ali" era para alunos que queriam estudar, e não para alunos reprovados. Com tantas mudanças pelas quais a educação vem passando ao longo desses anos, ouvir isso de um gestor é algo decepcionante. Entendo que educar vai muito além de notas, provas, retenção em salas e séries. Precisamos observar o conhecimento que nosso aluno traz consigo e, a partir dele, moldar, aprimorar, sistematizar e formar novos saberes, juntos!

Porém, com Macílio, não foi bem assim. Sua mãe tentou explicar o que acontecera em sua família, mas foi ignorada. Saíram desolados com a carta de transferência nas mãos, em busca de uma nova escola, uma nova chance.

Concordo com Crislan Viana quando diz que: "Entendemos o ambiente escolar como um ecossistema educacional, onde os diversos setores trabalham simultaneamente para que o processo educativo aconteça!"[3]. O papel do educador vai muito além do que o sistema pode oferecer, devemos compreender todas as expressões e construções voltadas ao emocional e contemporâneo, conforme as necessidades no cotidiano escolar.

Assim Macílio foi parar em nossa escola. Posso dizer que foi um privilégio tê-lo como educando. Era participativo, atencioso, educado, tinha ótimo relacionamento com a comunidade escolar. Participou de seminário representando a escola e foi um dos primeiros alunos a passar de ano já no terceiro bimestre.

Trabalhar o socioemocional foi o primeiro passo para compreendermos suas necessidades, seus desejos, medos e anseios. A partir da escuta afetiva, iniciamos um trabalho em conjunto para que a aprendizagem pudesse fluir de forma significativa; somos seres únicos e devemos ser assistidos de forma única. Os trabalhos com o socioemocional na escola foi tema da nossa semana pedagógica; posteriormente fomos construindo diferentes estratégias para

---

[3] BENFICA, A.; ARAUJO, B. F. de; MOURA, C. V. de. A Escola em 360°. *Revista Expo Educ*, [s. l.], n. 3, 2023. p. 11.

trabalhar a importância de OUVIR NOSSOS ALUNOS para compreender como poderíamos ajudá-los. Realizando rodas de conversas, escuta individual, chamamento da família, convite de psicólogas, visita domiciliares e atividades manuais. Além disso, muitas atividades extras para que pudessem escolher com qual se identificavam mais e assim se expressarem.

Podemos fazer muito mais, sei que estamos caminhando para uma prática de excelência, e a formação continuada continuará nos guiando por esse caminho de equilíbrio.

3. 6 DEDÉ

Recebemos muitos alunos expulsos de outras escolas. Poderia achar que somos uma "escola depósito", mas, ao contrário, somos uma escola acolhedora. Quando os pais chegam desanimados, desapontados e muitas vezes envergonhados, com uma carta de expulsão nas mãos, eles já estão se sentindo humilhados, por isso precisam de respeito, precisam ser ouvidos e acolhidos. Esse é o papel de uma escola que sente. Não podemos rotular o aluno a partir do que se passou em outra instituição; uma nova história pode começar e abrir possibilidades e portas para esses estudantes que muitas vezes estão fadados ao fracasso escolar. Já é imposto para tal que esse será seu fim, mas cabe a todos que fazem parte da escola construir novas perspectivas, pois todos merecem escrever um novo capítulo. Um exemplo bem pertinente que iniciamos com Dedé foi a apresentação das práticas esportivas escolares. A prática de esporte tem o poder de afastar crianças e adolescentes das drogas, da violência, ansiedade e da depressão, aumenta a capacidade cognitiva, bem como traz benefícios consideráveis e importantes para a saúde mental e corporal, gerando cooperação e socialização entre os estudantes.

Acreditando nesse papel do esporte, buscamos envolver nosso aluno de forma integral nas diferentes modalidades até ele se encontrar com suas melhores habilidades. E a parceria com uma escola de futebol influenciou diretamente essa melhoria de conduta, mesmo que o processo seja demorado.

A escola de futebol parceira da nossa escola prioriza uma ação social, trazendo como principal objetivo a INCLUSÃO SOCIAL dos nossos adolescentes, para que eles voltem a sonhar. Mesmo sem recursos financeiras, o apoio dos funcionários, familiares e da comunidade permitiu que conquistássemos títulos nunca imaginados. Esse é o poder do trabalho social, coletivo, cooperativo e de resgate da autoestima de alunos e de uma comunidade escolar esquecida.

Dedé foi muitas vezes rejeitado por ser muito agressivo, por ter movimentos que não condiziam com sua idade e por não se adaptar às normas de convivência em grupo. Seria muito fácil desistir dele, afastá-lo dos amigos e da comunidade escolar, até mesmo expulsá-lo da escola, como outrora fizeram, mas precisamos fazer a diferença na vida de cada um que precisa de uma mudança.

Assim, tive diferentes momentos de reflexão com os professores e com os próprios alunos sobre o que poderíamos fazer para cooperar com o aluno X, quais estratégias poderiam ser desenvolvidas. Foram momentos difíceis, muitas vezes não sabíamos a quais profissionais recorrer, o esporte era sempre o que mais segurava nossas expectativas. Era notório que Dedé necessitava liberar sua energia, suas emoções, se libertar dos seus medos. Aos poucos ele conseguiu falar e se comportar como imaginamos ser mais feliz para ele mesmo. Era angustiante vê-lo preso em si, sem sorrir, sem brilhos nos olhos. Carregava um olhar perdido, uma mágoa e uma raiva, mas tudo isso foi sendo trocado por uma ESPERANÇA. Posso afirmar que grande parte devemos ao ESPORTE! Essa descoberta pelo prazer de praticar o esporte foi a chave mestra de todo o processo. Dedé saiu do comportamento apático, agressivo, para um mais solidário; foi sendo mais participativos, colaborativo, um pouco de calmaria para as manhãs agitadas que vivíamos. Sabíamos que esse desafio seria um dos maiores, porque o equilíbrio emocional também era um fator crucial em seu comportamento. Quando tudo estava se acalmando, algo desregulava seu lado emotivo, e isso abalava todo o resto, nos levando, quase sempre, à estaca zero. Foi preciso muita paciência, mais busca de parceiros, mais leitura, mais noites em claro e muito mais estratégias para tentar conduzir essa história sem cometer o mesmo erro que ele já havia sofrido. Expulsão? Reprovação? Castigos? Será que as ações das outras escolas caberiam a nós? Iriam nos fazer melhores? Nos fariam iguais? Ou nos fariam covardes? Eram tantas reflexões. Optei pela ESCOLA QUE SENTE, que não desiste da relação aluno-professor, aluno-escola, escola-família, todos juntos colaborando.

A busca pela saúde mental deve começar com HUMANIZAÇÃO, e não com PUNIÇÃO. Não precisamos de adolescentes frustrados, medrosos, sentindo-se incapazes, mas de jovens que CRESÇAM FELIZES E ABERTOS PARA DESCOBRIR SEU LUGAR NO MUNDO. A escola sempre será um espaço de ACOLHIMENTO! Quero que Dedé e outros alunos, que estão conosco e que chegarão, sintam-se assim.

3.7 YURE

O que é Educação Inclusiva?

A escola é uma instituição formal, um local organizado para receber diferentes crianças, adolescentes e jovens com o objetivo principal de ensinar. Ensinar não apenas algumas pessoas, mas todas que estiverem naquele local; não é para repassar o conteúdo, e o aluno aprender sozinho, é oferecer diferentes recursos e estratégias para que TODOS atinjam a aprendizagem. O professor precisa buscar diferentes caminhos para atingir seus objetivos, com muitos recursos, habilidades, atividades, estratégias e inovações para trabalhar O MESMO ASSUNTO. Essa sim é a forma correta de se pensar na inclusão dos alunos em sala.

Em uma sociedade tão diversa como a que vivemos, mesmo numa região do interior, com pouco mais que 30 mil habitantes, pensar educação especial é pensar num grande desafio que ainda nos deixa com medo de errar. Esse é um assunto urgente, necessário e inegável; historicamente falando, a aceitação do diferente, na forma física, cognitiva ou emocional, ainda é difícil.

Com nosso aluno foi um pouco diferente, ele foi bem aceito pela turma, que se mostrou colaborativa e sempre o ajudava nas atividades e organização dos trabalhos coletivos. Yure chegou à escola sem seus familiares saberem qual sua real necessidade. Então realizamos alguns acompanhamentos, testes, pesquisas, conversas com a família para compreender como poderíamos ajudar. Aos poucos fomos organizando os encaminhamentos, procurando os parceiros, e tudo foi se caminhando para que Yure tivesse os acompanhamentos necessários para seu melhor desenvolvimento cognitivo, emocional, social e intelectual. Ele adora participar de todas as atividades da escola e realiza muitas habilidades que antes não conseguia.

Compreendo que O OLHAR REAL PARA A EDUCAÇÃO INCLUSIVA vem da conexão que mantemos com nossos pares e com o que acreditamos que vale a pena.

Com a chegada do Programa Avexadas para Aprender, que trata da distorção da idade-série, Yure iniciou uma jornada linda de alfabetização. Aquela que acontece naturalmente, com sentido, prazer, envolvimento, em que o aluno sabe o que está falando, escrevendo e lendo; vai muito além de vovó viu a uva! Uma brincadeira prazerosa em estar na escola, um resgate desses alunos que perderam anos de suas vidas SENDO REPROVADOS, RETIDOS, ESQUECIDOS, DEIXADOS PARA TRÁS. O Programa trouxe ludicidade e esse sentimento de especial para todos os alunos participantes, todos são importantes, todos precisam aprender igualmente, ninguém pode ficar sem aprender.

Nessa educação especial, o papel do educador é fundamental. Ele é responsável pela organização das situações de diferentes aprendizagens, diferentes sugestões de diálogos, em que a escrita nos cadernos passa a não ser tão rigorosa, o importante é promover a aprendizagem significativa, que desperte o interesse e o desejo de recomeçar dos alunos desestimulados, cansados e fadados ao insucesso.

Para finalizar a fala sobre esse aluno brilhante, queria deixar registrado minha surpresa com o maior presente que poderia ganhar.

Uma escola que sente: narrativas reunidas

Quando ele conseguiu escrever suas primeiras linhas, de imediato me presenteou com uma cartinha. Muita gratidão por tanto carinho! Não há prova mais especial da escolha pela educação que acolhe, que transforma, que abraça, caminho que escolhi sem medo de errar.

3.8 BETO

Este poderia ter sido o primeiro texto, a primeira história, pois já estava pronta na minha mente há muito tempo, linha por linha. Vivi cada detalhe desse desafio, e tudo se misturou com o campo emocional da minha vida pessoal, trazendo um contexto diferente do que imaginava.

Beto foi meu aluno e, em 2022, quando iniciou esse trajeto, se encontrava na turma do nono ano. Moletom, capuz sobre a cabeça, só o víamos pelos cantos, sem amigos, sem conversas, sem familiares por perto...

Certa manhã, chovia muito, e parei o carro para dar-lhe uma carona. Fui tentando iniciar um diálogo, mas ele pouco respondia, percebi que estava diferente, o brilho no olhar tinha desaparecido.

Ao chegar à escola, chamei sua irmã para conversar. Ela me contou que não estava mais morando com ele, havia se mudado para casa da madrinha; Beto morava apenas com a irmã mais velha. Procurei os professores, e, um por um, me contaram que ele não fazia mais as atividades, vivia dormindo ou de cabeça baixa na sala de aula. Sua infrequência era constante, e o silêncio o dominava.

A cada relato minha preocupação aumentava, parecia que ele estava pedindo socorro a mim. Resolvi, no final de semana, ir até sua residência; estavam ele e sua irmã. Casa vazia, tudo em silêncio, alma triste, a mãe estava trabalhando na capital para melhor sustentar seus filhos, a irmã mais velha desistira de estudar para cuidar da casa e dos irmãos. Conversando com ela, soube do comportamento de Beto em casa, sempre trancado no banheiro, mutilando-se nos braços (por isso o uso constante do moletom), parecia não querer mais viver. O pedido de socorro era muito maior do que eu imaginava, e a escola não podia ficar quieta, precisava SENTIR ESSA DOR TAMBÉM, pois A ESCOLA QUE SENTE vai além dos livros didáticos, das tabuadas decoradas, do português bem falado. A ESCOLA QUE SENTE deve compreender e sentir o aluno como um todo, como uma pessoa, um ser que necessita ser ouvido, compreendido, que tem seus momentos de tristeza e solidão e que muitas vezes precisa apenas de um abraço e uma palavra de conforto.

Assim busquei parcerias com a secretaria de educação da cidade para garantir o DIREITO A SAÚDE de Beto. Ele tinha que de ser cuidado. O psicólogo enviado teve empatia e iniciou logo o atendimento, compreendendo a gravidade do caso. A mãe de Beto precisou sair do trabalho para acompanhar todo o processo de perto; todos tinham que contribuir para que a saúde dele fosse reestabelecida. Uma corrente foi organizada, um tratamento intensivo que durou meses. Psicólogo, psiquiatra, cuidado da mãe, da escola, de amigos, esporte, música, passeios, foram muitos métodos nesse processo de cura. Como é gratificante chegar a 2023 com um resultado louvável. Hoje posso dizer que Beto faz de sua história força para ajudar outros adolescentes a superar seus traumas.

4

"NINGUÉM EDUCA NINGUÉM, NINGUÉM SE EDUCA SOZINHO, AS PESSOAS SE EDUCAM EM COMUNHÃO, MEDIATIZADAS PELO MUNDO"

Cada estudante percorre um caminho próprio na apropriação do conhecimento. Uma das condições principais para a promoção da aprendizagem é o estabelecimento de conexões com singularidades individuais, os interesses, as dificuldades e potencialidades. Para a aprendizagem acontecer, é preciso levar em conta as questões socioculturais que circulam a vida dos estudantes. Valorizando a identidade de cada um, com respeito e empatia, entenderemos como poderão aprender. É relevante compreender as peculiaridades que os estudantes enfrentam em seus cotidianos, como adoecimentos, histórias familiares ou outras situações que demandem atenção por parte dos profissionais da escola. Conhecendo nossos educandos, podemos evitar reprovações e evasões.

Respeitar a origem de cada um, seus limites, medos, sua cultura, religião, sempre será parte importante da construção empática, uma maneira de permitir que todos sejam incluídos.

O protagonismo do estudante consiste em tornar-se o centro da aprendizagem, assumir a responsabilidade, participar, com colegas e professores, do planejamento, da execução e da ação das atividades desenvolvidas. Sabemos que tudo isso não ocorrerá de um dia para o outro, serão muitas tentativas, mas o PROTAGONISMO não pode ficar apenas na nomenclatura, precisaremos mediar essa aprendizagem, CONSTRUIR ESSA PRÁTICA REFLEXIVA.

Nesse sentido cabe a nós refletir sobre esse processo, visando tornar nosso aluno um investigador, um pesquisador, um questionador, que busca aprender com o outro num constante movimento, chamado "aprender a aprender".

Uma escola que sente: narrativas reunidas

5

"O EDUCADOR SE ETERNIZA EM CADA SER QUE EDUCA"

"Você não tem jeito de diretora, sabia? Não parece diretora!" Uma aluna do sétimo ano, que me observava por alguns minutos, resolveu se aproximar, na hora do intervalo, e me disse essas frases. Ficou ali parada, pensativa, acho que esperando ouvir uma resposta minha.

Convidei-a a sentar, sorri para ela, que ficou com aquele sorriso envergonhado, e iniciei nossa conversa. "Sou apenas uma professora, alguém como muitas que luta pela educação pública, que deseja mudança, que acredita na mudança. Mas para isso precisa fazer algo, estar disposta a enfrentar os desafios." Então era minha vez de perguntá-la: "Para você como é ser diretora?". Ela sorriu mais uma vez, senti que ficou mais à vontade, e resolveu falar de forma espontânea: "Diretor fala alto, coloca a gente para sala, dar ordens, chama nossos pais, manda na escola...". Foi falando e falando a visão dela do que é ser gestor. Eu pedi uma chance de mostrar que seria diferente, que a gestão não era como ela imaginava, que eles precisariam nos dar uma chance, nos ver com outros olhos, construir parcerias conosco, que tudo ficaria mais harmonioso. Mesmo sem entender, ela ouviu atentamente.

A conversa com aquela adolescente serviu para eu poder refletir como é importante saber o que os nossos alunos pensam e esperam de nós. Se é por eles e para eles que estamos nessa função, eles são os protagonistas.

Administrar uma escola é uma tarefa complexa e desafiadora, exige um equilíbrio delicado entre as necessidades educacionais dos alunos e as demandas administrativas, além das pitadas do socioemocional que não podem ficar de fora, pois alimentam nossa existência.

Um dos principais desafios da gestão é compreender que ela não se faz sozinha, que é participativa, evolutiva e cooperativa. Todos precisam opinar e desenvolver suas atividades de forma integrada, a divisão das tarefas é essencial para o sucesso. Outro desafio é cada pessoa saber seu papel e entender a importância de cooperar com o outro nos momentos necessários, pois o trabalho em equipe deve prevalecer. O planejamento contínuo e a execução das ações devem ocorrer continuamente para que o trabalho tenha êxito, nada pode acontecer de forma aleatória, isso é um erro grave.

Uma comunicação aberta e transparente garante o sucesso, deve-se sempre estabelecer o diálogo, o equilíbrio para juntos superar os desafios que surgirem.

A partir de toda essa reflexão e prática evolutiva, pude perceber o quanto a gestão escolar tem um papel rico na formação do educando. Ela pode impulsionar com maestria toda a equipe, como disse o escritor Erivan Fernandes ao falar sobre o trabalho desenvolvido na nossa escola no ano letivo de 2023: "Vocês estão impulsionando a escola rumo ao sucesso com uma abordagem inovadora". Corresponde exatamente ao que abordo neste capítulo, a vontade de fazer diferente, de eternizar em nossos alunos todas as ações planejadas e almejadas para impulsionar a igualdade e a equidade da educação pública do nosso Rio Grande do Norte.

Por fim, posso dizer que nós, educadores, seremos lembrados lá na frente, quando nossos educandos ressaltarem a importância do conhecimento adquirido numa escola voltada à liberdade de aprender com prazer. Aprender a aprender.

6

"O SISTEMA NÃO TEME O POBRE QUE TEM FOME. TEME O POBRE QUE SABE PENSAR"

Queria poder dizer que todas essas narrativas são fictícias, mas são reais, são histórias que se entrelaçam no cotidiano das escolas brasileiras, e muitas são mais vistas aqui no Nordeste, como as que relatarei a seguir.

Outro dia, estávamos nos organizando para um passeio, um momento recreativo com os alunos. Tínhamos feito algumas rifas, bingos, bazar a fim de arrecadar dinheiro para custear as despesas. Uns dias antes do passeio, uma aluna tinha pedido para conversar comigo, mas, como minha sala sempre está cheia de alunos, ela não ficou à vontade para falar. Dias se passaram, e a procurei para saber o que queria me contar. Ela se aproximou, fixou seus olhos nos meus, o som quase não saia dos seus lábios, mas deu para ler as palavras que se apresentavam nas expressões que seu rosto franzino fizera: "Tia, o valor que a senhora vai comprar minha entrada no parque aquático, meu almoço e a passagem, a senhora pode comprar alimentos para eu levar para minha casa?". Uma adolescente de 13 anos, que já tem tamanha preocupação é algo difícil de imaginar. No melhor momento de sua vida, quando poderia estar se divertindo com as colegas, descobrindo novas amizades, novos desafios da mocidade, do mundo cheio de encantos, estava preocupada com o pão que faltava à mesa. Ali me faltou o chão, não consegui continuar a conversa. Uma criança ser privada da sua infância é uma dor intrigante, e são vários os casos que percorrem os corredores da nossa escola, que se esbarram na dura realidade que o sistema nos oferta. Paulo Freire disse, em uma entrevista, que, "Com fome é difícil a gente aprender, não que a gente perca a inteligência por causa da fome, a fome te atrapalha, te distrai e te fixa nela"[4]. Complemento que a fome causa grandes perdas de massa encefálica e danos na saúde dos nossos alunos, por isso, cada vez mais, precisamos lutar por políticas públicas que permitam o avanço na qualidade das nossas merendas.

Não só de pão falarei neste capítulo, mas também da importância de ser atuante com as políticas públicas, uma luta de gigantes, incansável.

---

[4] Reprodução do texto do YouTube. FREIRE, Paulo. TVcultura, SET 2021.

O Estatuto da Criança e do Adolescente (ECA), Lei n.º 8.069, de13 de julho de 1990, traz os direitos que devem ser garantidos pelo Estado, mas que muitas vezes não são respeitados. Um dos principais está no Artigo 8, parágrafo terceiro, que é o direito à alimentação.

Ainda em conformidade com esse artigo, está a importância de garantir à criança o direito a ter um nome e uma nacionalidade, dessa forma tirar seu registro, seus documentos para garantir sua cidadania. Muitos chegam à escola sem ter o mínimo dos documentos necessários, nem os que garantem a matrícula escolar. Mas isso não é motivo para ficarem sem estudar, é dever nosso, como cidadãos, contribuir para que essa situação seja amenizada.

Realizamos uma parceria com os Correios da nossa cidade e levamos os alunos para fazerem seu Cadastro de Pessoa Física (CPF) e assim garantir seu direito à matrícula na escola que desejar. É gratificante ver a alegria deles com seus documentos em mãos, podendo ser CIDADÃOS, com o poder que a palavra tem. Também fizemos uma parceria com a Central do Cidadão, para que pudéssemos atender adolescentes que ainda não tinham identidade. É tão importante esse momento de trabalho COLABORATIVO ENTRE ESCOLA E ÓRGÃOS PÚBLICOS, pois fica claro como podemos trazer para perto de nós a responsabilidade de todos por uma SOCIEDADE MAIS JUSTA E IGUALITÁRIA. Dessa forma, conseguimos atender mais de 15 crianças e adolescentes, que podem agora exercer a plena cidadania, participando dos jogos escolares, indo aos passeios interestaduais e reconhecendo-se como seres atuantes na sociedade da qual fazem parte.

São inúmeros os motivos para buscarmos o trabalho de intervenção e não ficarmos apenas olhando acontecer. Podemos ser a diferença na vida de alguém e não deixar um ano inteiro passar sem acontecer nada. Por mais simples que possa parecer, faça, dê sua contribuição.

Certa manhã, no início do verão, com o sol bem forte, como de costume, fiquei na escola na hora do almoço para adiantar algumas atividades administrativas. Então vi do lado de fora uma das nossas mães e seus filhos. Ela tinha saído da fazenda onde moravam havia cerca de duas horas, caminhado sob um sol escaldante para levá-los à escola. É de conhecimento de todos a necessidade dos transportes escolares, todos têm esse direito, mas esse direito chegar de fato a cada um é muito difícil. São entraves que se perpetuam, que demoram a se restabelecer, mas o que quero ressaltar nestas linhas é a ideia de que só A EDUCAÇÃO PODE TRANSFORMAR AS DURAS REALIDADES. O sonho, a força de uma mãe, a coragem de sair "puxando" três crianças debaixo de sol, de chuva, enfrentando uma BR, animais e a fadiga do dia a dia. O que leva uma mãe a tamanho sacrifício? Na verdade, ela não vê como sacrifício, mas como oportunidade de viver um futuro melhor. A vulnerabilidade social é algo muito duro, não permite avançarmos, não permite que trilhemos os mesmos caminhos dos filhos dos grandes empresários, parece que estamos fadados a permanecer no mesmo círculo de presságios de nossos pais. Mais uma vez, entra a EDUCAÇÃO como uma ponte importante para essa mudança, pois só ela é capaz de conduzir essas transformações e preparar para as demandas e os desafios do mundo contemporâneo, instruindo alunos para serem cidadãos ativos e críticos.

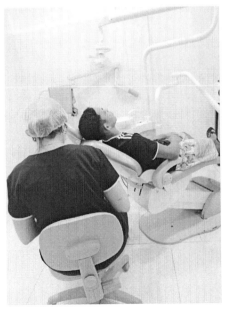

7

"DISCRIMINANDO O NEGRO, O ÍNDIO E A MULHER NÃO ESTAREI AJUDANDO MEUS FILHOS A SER SÉRIOS, JUSTOS, AMOROSOS DA VIDA E DOS OUTROS..."

Paulo Freire, em 1997, em sua terceira carta pedagógica, que deixou inconclusa sobre sua escrivaninha, escrevera alguns parágrafos sobre como podemos ser capazes de amar o mundo, Se amarmos as pessoas e as respeitarmos, podemos diminuir as diferenças gritantes de tratamentos entre meninos e meninas, homens e mulheres, em que o machismo ainda é predominante.

Quase 30 anos depois, o sexo feminino ainda é tratado de forma desigual, com poucas oportunidades, muita opressão e desvalorização nos locais de trabalho. É nesse contexto que chamamos a atenção para muitas alunas, muitas histórias que se encontram e entrelaçam na ficção, mas que são histórias reais. A gravidez na adolescência é um exemplo. Aconteceu com diferentes alunas da nossa escola, que também tiveram destinos diferentes, sempre tendo como base a educação a qual essas meninas foram orientadas a acreditar. A gravidez na adolescência é um tema que não é fácil de ser trabalhado nas salas de aula, ainda é tabu para alguns profissionais. É preciso enfatizar todas as responsabilidades que virão com uma gravidez precoce e como ela é impactante na vida da família que receberá aquela nova vida. Dados do IBGE de 2010 mostram que adolescentes e jovens brasileiras com idade entre 15 e 19 anos que não trabalham ou não estão na escola lideram a gravidez na adolescência. A maioria das grávidas (60%) são meninas pretas e pardas. Uma gravidez antecipada pode trazer, além de tudo, riscos físicos e psíquicos tanto para as mães quanto para os bebês.

Eu passe por um momento bem delicado e, antes de relatar experiências escolares, preciso expressar um pouco da minha experiência particular. Estava separada, com dois filhos; depois de um tratamento de depressão de minha filha, descobri, quase como mágica, que, aos 14 anos, na primeira série do ensino médio, ela estava grávida. Um momento de silêncio, um instante só meu, no qual os primeiros pensamentos foram "onde eu errei" "a culpa é minha" "todos vão me culpar" "não conseguirei". De fato, foram muitos para dizer, pensar ou não dizer, mas expressar A CULPA É SUA!!! Mesmo com poucos ao meu lado, segurei sua mão e dize-lhe apenas "Filha, estou aqui". Foram muitas noites sem dormir, com

Uma escola que sente: narrativas reunidas

angústias e medos. Por dentro me sentia vulnerável, mas por fora era a destemida que lutava contra o sistema. É fácil imaginar como foram os nove meses; as amigas se afastaram, a maioria dos pais não queria uma influência negativa, os olhares acusadores e/ou repressores aumentavam, indagações, perguntas sem respostas. Enfim, pouca empatia. O machismo tomava conta, culpa da mãe, culpa da menina atirada, culpa do pai que saiu de casa, culpas, culpas e culpas. Foi na ESCOLA onde encontramos a EMPATIA que faltou em muitos outros lugares. Quando os próprios adolescentes são empáticos, apresentam níveis mais baixos de agressões e preconceitos, são menos propensos a intimidar. Por isso, a importância desse convívio na escola.

Adolescente "B", aluna da nossa escola, negra, teve seu bebê também aos 14 anos, ainda no oitavo ano. Não tinha namorado, e não quiseram nos dizer quem era o pai do bebê. Depois que a criança nasceu, ela estudou por mais um mês, mas encontrou outro namorado que a incentivou a desistir dos estudos, então viajaram para outro estado em busca de trabalho em fazendas, em colheitas. Ela deixou seu filho, com meses de vida, com parentes e não voltou mais. Adolescente "C", parda, 14 anos, aluna do nono ano, engravidou do namorado; não deixou de estudar, frequentou todas as aulas até o dia de ter o bebê. Após o nascimento da criança e o período de resguardo voltou às aulas, levava a criança para a escola; seu irmão mudou de sala e de turno para estudar com ela e ajudar com o bebê. Todos da escola se envolviam, contribuindo para que ela pudesse se concentrar um pouco mais nas aulas. Voltou aos treinos, conquistou medalha de ouro nos jogos escolares da juventude, categoria jiu jitsu. Sinônimo de força e perseverança.

Temos um encontro com três adolescentes, bairro periférico, com auxílio do governo federal, pouca estabilidade financeira, mas a diferença estar no acreditar na educação. Poderiam todas estarem sem estudar, seguindo o que tantas pessoas ainda pregam, se quis ter filho cedo, então pare de estudar e vá trabalhar para sustentar a criança.

65

No livro *Pedagogia da Esperança*, Freire dedica três páginas a uma reflexão sobre a necessidade de superar a linguagem machista, que nos é imposta até os dias atuais. É de grande relevância lutarmos pela superação do machismo, e a escola vem justamente para nos libertar desses pensamentos e trazer uma abertura para ouvir essas adolescentes, seus medos, seus anseios, suas dúvidas e, sobretudo, seu CONHECIMENTO. Saber o poder que cada uma de nós tem para lutar por dignidade, direitos e cidadania; saber que o machismo precisa ser combatido não só entre os homens, mas também entre as mulheres. Por meio da educação tradicional, que recebemos nas décadas passadas, as próprias mulheres acabam apoiando a luta dos homens contra o poder feminista. A transformação social só acontecerá quando a unificação for mais forte, e isso só ocorrerá quando o ENGAJAMENTO FEMININO acontecer de verdade, e a EDUCAÇÃO for o foco para a LIBERDADE DE EXPRESSÃO.

Ainda sobre o sexo "frágil", de quem o faz "frágil", conto-lhes uma história triste. Mais uma adolescente perdendo sua juventude sem ter um dos seus direitos garantidos, o DIREITO À EDUCAÇÃO. Meninas que são cuidadoras dos irmãos menores, fadadas a ficar em casa, responsáveis por atividades duras de cuidados que deveriam ser de adultos. Tentei várias vezes levá-las de volta à escola, mas os INSUCESSOS também fazem parte das experiências, são pontos que nos permitem refletir. Como é difícil presenciar a submissão delas ao abandono da escola! Lá na frente terão que enfrentar as salas da Educação de Jovens e Adultos, por não terem tido tempo de estudar na idade correta, não terem tido o direito de ser crianças e descobrir como é bom aprender brincando.

8

"SE A EDUCAÇÃO SOZINHA NÃO TRANSFORMA A SOCIEDADE, SEM ELA TAMPOUCO A SOCIEDADE MUDA"

"Quem pretende educar torna-se, de certo modo, responsável pelo mundo." Ouvi essa frase de uma professora em uma palestra on-line, na época da pandemia, e fiquei refletindo por muitos dias. Como ser responsável por algo que nem temos a noção do tamanho? Temos a certeza de que nunca poderemos ir a todos os países ou cidades do mundo.

Aos poucos fui construindo minha própria compreensão. É reconhecer-se nesse papel preponderante das interações sociais no processo ensino-aprendizagem, destacando as diferentes possibilidades das construções das aprendizagens significativas e respeitando a diversidade cultural e social.

A educação sempre será uma porta para muitas discussões, a maneira como a vivemos pode de fato mudar vidas, possibilitar transformações nunca imaginadas. Cabe a cada ser que educa acreditar no seu papel de transformador e fazer a diferença.

Já vimos que a aprendizagem se dá por relações significativas, que o estudante estabelece conexões com o que já sabe e com o que está próximo, vivenciando. Dessa forma, cabe à escola contextualizar as culturas e os saberes e acreditar no que aprenderam de forma pedagógica, ressignificando sempre as manifestações culturais e linguagens artísticas utilizadas no cotidiano escolar.

É bem comum para nós, professores, quando falamos sobre educação, trazermos exemplos das nossas inspirações, o que me fez chegar até aqui. Posso digitar linhas e linhas sobre todas as mulheres que foram referência para mim, as histórias que ouvia na calçada da minha vó, contadas por ela, por minhas tias e minha mãe nas noites em que nos reuníamos para fortalecer os laços familiares. Uma das mais fortes inspirações é. sem dúvidas, minha mãe, MINHA PRIMEIRA PROFESSORA. Não a da sala de aula, mas a que me educava, me ensinava a respeitar, a ouvir, a compreender, a obedecer. Lembro-me de quantas vezes se sentava perto de mim, na hora da tarefa de casa, e pedia para eu apagar as letras quando estava borrada, mostrava a importância de saber corrigir, voltar e ler novamente. Quantas vezes foi à escola saber como eu estava e mostrar a importância de participar dos eventos escolares. Cada detalhe eu guardava comigo. O primeiro livro que me deu, *O elefante rosa*, que ela trouxe da escola onde trabalhava, tenho guardado comigo até hoje. Li muitas vezes para minha filha. Já na adolescência, me presenteou com um livro lindo, de capa branca, letras coloridas, mais de mil páginas; eu passava dias imaginando como ele tinha sido caro e o quanto eu aprenderia quando conseguisse lê-lo por completo! Foi com essa gramática que meu prazer pela leitura começou; quando conheci os grandes poetas que me fizeram viajar para lugares imagináveis. Em 1994, após dias de fortes chuvas, ocorreu uma grande enchente, e lá se foi minha gramática; perdemos muitas coisas, e uma delas foi meu tesouro em forma de livro. O tempo foi passando, observava minha mãe "criar" as três filhas sozinha, sempre com base na educação. Mainha trabalhava só para a gente, e isso nunca vamos esquecer. Era apenas uma calça jeans, uma blusa da farda e uma chinela para ela usar como fardamento todo o ano letivo, mas tudo isso foi superado, pois a educação também nos ensina a ter RESISTÊNCIA, e isso minha mãe nos ensinou muito bem.

Crescer numa família de educadoras é uma responsabilidade enorme, porque você está entre os melhores. Eu cresci entre as pessoas que mais admirava, minha vó Maria Pessoa, minhas tias e minha mãe, todas professoras reconhecidas no nosso município. Coube a mim seguir o caminho trilhado por elas; sempre ouvia relatos de ex-alunos que expressavam carinho ao falar delas. A cada dia, ó aumentava minha admiração e o medo de não corresponder.

Aos 15 anos, em 1995, já estudando o magistério, estive em minha primeira sala de aula, uma menina com corpo de adulto. Nesse primeiro momento, fui por necessidades financeiras; sentia muito amor e admiração pela educação, mas a necessidade de "ajudar" minha mãe em casa era mais forte. Sem nenhuma experiência, só com o peso do nome da minha família, encarei o desafio. Com muita ajuda, persistência e paciência de muitas pessoas, fui aprendendo e, a cada ano, adquirindo conhecimento a partir de muita dedicação e estudo. De 1995 até os dias atuais, nunca fiquei sem estar dentro de uma escola, seja na educação infantil, na alfabetização, na EJA, no ensino médio, no fundamental 1 e 2. Em cada etapa de ensino, deixei um pouco da minha contribuição e aprendi muito mais do que ensinei. Ser ousada, uma eterna pesquisadora de conteúdos e de diferentes formas de promover a aprendizagem, não ter medo de errar, tentar diferentes saídas para os problemas do cotidiano, olhar meus alunos nos olhos, conhecer cada um pelo nome, ouvir sempre o que têm a dizer, ter sempre um abraço para oferecer é o que me fortalece para ser A PROFESSORA QUE SOU!

Uma escola que sente: narrativas reunidas

"Me movo como educador, porque, primeiro, me movo como gente".

Paulo freire

REFERÊNCIA

BENFICA, A.; ARAUJO, B. F. de; MOURA, C. V. de. A Escola em 360°. *Revista Expo Educ*, [s. l.], n. 3, 2023.

BRASIL. *Lei federal n° 8069, de 13 e julho de 1990*. Dispõe sobre o Estatuto da Criança e do Adolescente e dá outras providências. Brasília, DF: Presidência da República, (2023).

FREIRE, P. *Conscientização – Teoria e prática da Libertação*: uma introdução ao pensamento de Paulo Freire. São Paulo: Paz e Terra, 2001.

FREIRE, P. *Educação como Prática da Liberdade*. Rio de Janeiro: Paz e Terra, 1994.

FREIRE, P. *Educação e Mudança*. Rio de Janeiro: Paz e Terra, 2006.

FREIRE, P. *Pedagogia da Autonomia*: saberes necessários à prática da liberdade. Rio de Janeiro: Paz e Terra, 1996.

FREIRE, P. *Pedagogia do Oprimido*. 48. ed. Rio de Janeiro: Paz e Terra, 2011.

GOMES, A. P. C. *Salvas pela Escola*. Natal: Opções Gráficas, 2007.

INSTITUTO BRASILEIRO DE GEOGRAFIA E ESTATÍSTICAS. *Censo Brasileiro de 2010*. Rio de Janeiro: IBGE, 2012.

LOURENÇO, M. N. S. *A afetividade na relação pedagógica*: concepções de alunos(as) e professores(as). Natal: RN Editora, 2017.

MIRANDA, C.; RIGOTTI, G. *Educações do olhar*: leituras (volume I). 1. ed. São Paulo: Global, 2010. (Coleção Leitura e Formação).

MOREIRA, I. *Fracasso Escolar e interação professor aluno*. 3. ed. Rio de Janeiro: Walk Editora, 2010.

NÓVOA, A. *Formação de Professores e Profissão docente*. Lisboa: Dom Quixote, 1995.

OLIVEIRA, J. P.; RIBEIRO, D.; BALBINO, J.; PESSOA, K.; ALVES, N. *Canguaretama Cidade da gente, Estudos regionais II*. Fortaleza: Didáticos Editora, 2021.